AF327875

N° 27

BUREAU D'ÉTUDES PARLEMENTAIRES

15, rue de la Ville-l'Évêque, 15

L'ASSURANCE OBLIGATOIRE

CONTRE LA VIEILLESS[E]

PREMIÈRE ANNÉE DU FONCTIONNEMENT EN ALLEMAGNE

1891

PARIS

IMPRIMERIE ET LIBRAIRIE CENTRALES DES CHEMINS DE FER

IMPRIMERIE CHAIX

SOCIÉTÉ ANONYME AU CAPITAL DE CINQ MILLIONS

Rue Bergère, 20

1892

BUREAU D'ÉTUDES PARLEMENTAIRES

15, rue de la Ville-l'Évêque, 15

L'ASSURANCE OBLIGATOIRE
CONTRE LA VIEILLESSE

PREMIÈRE ANNÉE DU FONCTIONNEMENT EN ALLEMAGNE

1891

PARIS

IMPRIMERIE ET LIBRAIRIE CENTRALES DES CHEMINS DE FER

IMPRIMERIE CHAIX

SOCIÉTÉ ANONYME AU CAPITAL DE CINQ MILLIONS

Rue Bergère, 20

1892

BUREAU D'ÉTUDES PARLEMENTAIRES
15, rue de la Ville-l'Évêque.

L'ASSURANCE OBLIGATOIRE

CONTRE LA VIEILLESSE

PREMIÈRE ANNÉE DE FONCTIONNEMENT EN ALLEMAGNE

1891

Le Parlement allemand s'est occupé pendant trois courtes séances, au cours de la discussion du budget de l'Intérieur, de la loi d'assurance contre la vieillesse et l'invalidité, qui vient d'accomplir son premier exercice.

On sait que le 25 mai 1889 la loi a été votée par 185 voix contre 165 et 4 abstentions motivées. Si elle a abouti, c'est à la suite de la pression intense que le prince de Bismarck avait exercée sur les conservateurs : plus la discussion durait en effet, et moins l'enthousiasme pour le nouveau bond dans les ténèbres était considérable. Si on avait remis le vote à la session d'automne, on n'aurait probablement pas abouti : pendant les vacances de Pâques 1889, les agriculteurs de l'Est avaient déjà témoigné de l'aversion qu'ils ressentent encore aujourd'hui. La loi a été l'œuvre de la majorité réactionnaire, obtenue au prix d'efforts inouïs, au prix de manœuvres électorales comme le prince de Bismarck a seul osé en employer. C'est cette majorité qui a voté un subside de 40 millions aux agriculteurs, qui a porté à cinq ans la durée de la législature et qui a accepté l'organisation si compliquée de l'assurance contre la vieillesse et l'incapacité de travailler. Nous n'avons, d'ailleurs, pas à nous étonner si le prince de Bismarck, tombé du pouvoir, fait volte-face contre cette partie de son œuvre, et s'il attaque la loi du collage, ainsi nommée du collage des timbres sur les cartes des assurés.

Cette loi soumet à l'assurance obligatoire toutes les personnes des deux sexes, qui sont employées comme ouvriers, auxiliaires, compagnons, apprentis ou domestiques, contre un salaire ou un traitement, à partir de l'âge de seize ans et dont le traitement ou salaire ne dépasse pas 2,000 *M.* par an. L'ouvrier et le patron doivent contribuer par moitié à la cotisation ; l'Empire accorde une subvention annuelle de 50 *M.* par rente. L'encaissement des cotisations et le paiement des rentes ont lieu pour compte des institutions provinciales ou nationales, administrées par les autorités locales ou de l'Etat, et qui se servent, comme organes de la police, des fonctionnaires communaux et de la poste.

La contribution des patrons et des ouvriers est répartie en classes (jusqu'à 350 *M.* de salaire par an, 14 pf. par semaine ; de 350 à 550 *M.*, 20 pf. ; de 550 à 850 *M.*, 24 pf. ; de 850 à 2,000 *M.*, 30 pf.) On a estimé que 11 millions de personnes tombent sous le coup de la loi, et si l'on y ajoute leurs femmes et leurs enfants, on voit que c'est la majorité de la population. Le montant annuel des sommes encaissées le jour où l'organisation aura atteint son entier développement sera de 220 millions de marks, dont les patrons, les salariés et les contribuables auront à fournir chacun le tiers.

On a objecté que l'assurance obligatoire ne convient pas à la majorité des ouvriers, notamment des domestiques. Toute jeune fille croit pouvoir trouver un mari ; elle économise en vue de son trousseau : avec le mariage, elle perd tout droit à la pension ; plus tard, on lui restituera la moitié de ses versements, sans intérêts. Cette forme d'assurance obligatoire ne convient pas à l'artisan ; si celui-ci est habile, il doit chercher à devenir patron ; il progressera alors plus vite et pourra faire œuvre de prévoyance. Mais un artisan devenu patron ne peut continuer l'assurance que s'il paie le triple de sa cotisation primitive, s'il verse et pour le patron et pour l'Etat. Que pendant quatre ans de suite il verse moins de quarante-sept cotisations par an, il perd tous ses droits. C'est très dur pour le petit patron de contribuer pour une somme égale à la moitié de ce que paient ses ouvriers, car souvent sa situation n'est guère meilleure que la leur.

On a dit aussi que l'assurance cadrait mal avec les commis de commerce, qui ont le désir d'économiser et de devenir indépendants. Le commerce en Allemagne occupe 701,437 patrons et 808,092 commis ou auxiliaires. En devenant maître ou en ayant un traitement supérieur à 2,000 *M.*, l'assuré perd ses droits.

Quant aux ouvriers agricoles, leur ambition, c'est d'épargner pour acheter un lopin de terre et, si c'est possible, une maisonnette. On a prétendu que la loi avec ses gradations de pensions aurait pour effet d'attirer davantage vers les villes les ouvriers des campagnes. En outre, faute d'organes exécutifs auxquels on pourrait confier la gestion dans les campagnes, il faudrait étendre l'action de la bureaucratie.

Pour les ouvriers de la grande industrie, a-t-on dit, ce n'est pas tant contre la vieillesse qu'il faut les assurer, que contre les conséquences du décès du chef du ménage, au profit des veuves et des orphelins. La loi ne s'occupe pas de ceux-ci ; on leur rembourse la moitié de la somme versée par le défunt, mais sans intérêts.

Il y a aussi l'incertitude de la rente, puisqu'il faut avoir soixante-dix ans pour la toucher. Si l'assuré meurt avant, l'argent est perdu, et, de plus, il faut avoir contribué pendant trente ans. On ne considère comme atteint d'incapacité de travailler que celui qui n'arrive pas à gagner le tiers de son revenu quotidien. Celui qui se fera 50 ou 70 pfennig par jour a peu de chances d'être admis au bénéfice de la loi.

Après trente ans de cotisations (à 47 semaines = 1,410 semaines), la rente est de 106 *M.* 40, — 134 *M.* 60, — 162 *M.* 80 et 191 *M.* La rente aux invalides est variable de 114 à 157 *M.*, — de 124 à 251 *M.*, — de 131 *M.* à 321 *M.*, — de 140 à 415 *M.*

On a redouté que l'intervention de l'Etat, avec sa subvention, n'ait pour conséquence de diminuer les œuvres de philanthropie et de patronage pour les ouvriers âgés ou malades. La foi dans le subside de l'Etat, dans la possibilité d'une élévation du tarif, est faite pour encourager l'ouvrier à vivre au jour le jour.

En échange du droit à la pension, les travailleurs se soumettent à un contrôle minutieux. La constatation que les cotisations ont été acquittées se fait à l'aide de cartes annuelles, sur lesquelles il faut coller des timbres. Les cartes

permettent de se rendre compte dans quelle partie de l'Allemagne on a travaillé, à quelle catégorie on a appartenu,
quelles interruptions (chômage par suite de maladie, de
service militaire ou faute d'ouvrage) ont eu lieu. C'est
presque l'équivalent de l'ancien livret.

La subvention de l'Empire aura pour conséquence de de-
mander davantage à l'impôt : cette subvention est de 50 *M.*
par tête d'individu touchant la rente. Au début, le nombre
de ceux-ci est limité, puisqu'on ne prévoyait qu'une dé-
pense de 6,400,000 *M.*; mais, au bout de dix ans, il faudra
38 millions et, au bout de cinquante ans, 68 millions; ce
calcul est fait sur la base de la population actuelle, et, si l'on
tient compte de l'accroissement annuel de 1 0/0, il faut
grossir d'autant le chiffre. L'Empire ne possède que des
revenus provenant de l'impôt indirect; il faudra, sans doute,
augmenter celui-ci qui pèsera sur des catégories de contribuables qui ne tirent aucun profit de l'assurance obligatoire.
L'insuffisance des retraites est une source de déceptions et
de mécontentement : bientôt se fera entendre la demande
d'une augmentation. Le pire, c'est qu'on accoutume la
masse à attendre de l'Etat l'amélioration de sa condition.
Enfin, on peut s'imaginer l'appareil bureaucratique, la sur-
veillance nécessaire pour veiller à ce que toutes les semaines on colle 11 millions de timbres sur 11 millions de
cartes et passer les écritures. N'oublions pas non plus
qu'une partie des charges est mise en compte de l'avenir,
qu'il faudra, sans doute, augmenter les cotisations.

Un jour, le capital accumulé sera d'un milliard de marks
qui seront placés en fonds de l'Etat, en hypothèques et qui
aura été enlevé à l'emploi libre des particuliers.

Nous n'avons pas cru inutile de donner ces indications et
nous arrivons maintenant à la discussion qui a eu lieu au
début de février au Reichstag.

Le secrétaire d'Etat de l'Intérieur, M. de Bötticher, a déclaré que la première année de fonctionnement avait été
aussi satisfaisante que possible; la loi présente certaine-
ment des imperfections, des complications, mais on arrivera
à l'amender. Le résultat financier est le suivant : 15 millions 450,000 *M.* ont été payés en rentes; la valeur en capital de ces rentes représente 54,500,000 *M.* (1), il faut y

(1) D'après les calculs gouvernementaux, cela représente
trois ou quatre fois la rente. Les Compagnies d'assurances
exigeaient un multiple autre, au moins sept ou huit fois
le montant de la rente pour une rente viagère à des personnes de soixante-dix ans.

ajouter 10,900,000 *M.* de réserve, 11 millions de frais d'administration (1 *M.* par tête), soit une charge de 76,400,000 *M.* On a encaissé 88,800,000 *M.* par les ventes de timbres. Cette année, on n'a payé pour ainsi dire que des rentes de vieillesse et très peu de rentes d'invalidité.

Si satisfaisantes qu'aient été les recettes, il semble cependant qu'on ait compté sur 103 millions de marks. M. de Bötticher a admis que le collage était ennuyeux ; mais, dans certaines municipalités, la municipalité le fait faire à ses frais. Il a insisté sur les avantages sérieux que les vieillards retirent de l'assurance : la rente leur est payée régulièrement tous les mois, elle leur assure l'indépendance. Le ministre a assuré que les plaintes et le mécontentement avaient été exagérés.

Les socialistes ont eu une attitude en contradiction avec leur vote de 1889 ; car, avec le centre et les libéraux, ils ont voté contre la loi. Aujourd'hui, ils déclarent qu'ils entendent conserver l'assurance obligatoire, parce que c'est la proclamation d'un de leurs principes, mais ils veulent modifier de fond en comble le système adopté. « Nous ne sommes pas enchantés de la loi, a dit M. Grillenberger, mais nous ne sommes pas partisans de l'abrogation. L'idée fondamentale en est *socialisante*, elle va au delà du socialisme d'Etat vulgaire et se rapproche de notre socialisme à nous. Les libéraux lui sont hostiles, M. Richter a déclaré que c'était stimuler la cupidité des masses, faire perdre à celles-ci le goût de l'épargne. La loi a besoin d'être amendée ; c'est un nid à tracasseries et à chicanes. Les patrons considèrent leurs contributions comme une charge intolérable ; c'est faux, mais il faut écarter les pénalités absurdes ». La grande préoccupation des socialistes, c'est d'empêcher la carte individuelle de devenir le succédané du livret ; ils protestent contre l'apposition de la griffe du patron pour annuler le timbre, la date même les inquiète, tout au plus admettraient-ils une barre à l'encre noire, pas à l'encre rouge, parce qu'on pourrait se servir de celle-ci pour désigner les ouvriers révolutionnaires. M. Grillenberger a indiqué sur quels points portaient les réclamations des intéressés : la manière dont s'appliquent les dispositions relatives à la déclaration d'invalidité montre que c'est un simple décor et que la partie essentielle, c'est l'assurance contre la vieillesse. On a englobé beaucoup de gens dans les cotisations, et lorsqu'ils ont atteint soixante-dix ans, on ne veut plus reconnaître leurs droits. Les petits propriétaires, les petits bourgeois sont les plus mécontents de la loi, parce qu'ils doivent payer pour leurs valets, leurs garçons, leurs

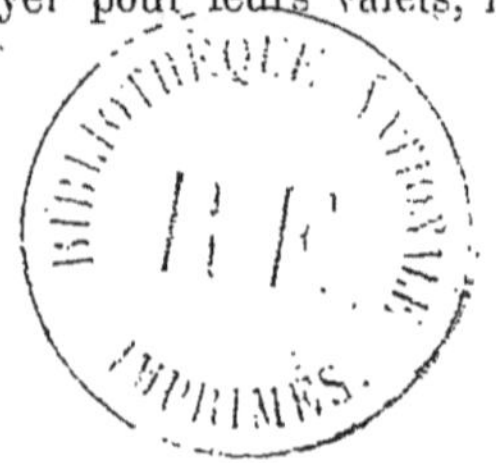

bonnes, et lorsqu'eux-mêmes sont vieux, lorsqu'ils retombent dans la domesticité, on ne leur donne rien.

M, de Bötticher s'étant réjoui de voir les socialistes renoncer à leur opposition, M. Schrader (libéral) a fait observer que les sympathies des socialistes ne s'étendent pas à la loi : ils ne sont pas satisfaits d'un seul paragraphe. S'ils avaient à la modifier, ils se borneraient à dire : tout ouvrier, tout Allemand est assuré par l'Etat contre la vieillesse et l'incapacité de travailler ; les voies et moyens en seront fournis par une taxe qui touchera le moins possible les classes ouvrières.

Ce n'est donc pas une acceptation de la loi, mais simplement du principe qu'il faut faire faire à l'Etat tout ce qui est possible pour assister l'ouvrier âgé ou invalide. Les socialistes se trouvent dans une situation fort agréable : d'une part, on admet que les ouvriers doivent être assurés avec le concours de l'Etat ; d'autre part, la loi a été faite de façon à ne pas répondre à leurs principes. Ils sont en mesure de dire : « Notre idée a été universellement admise, mais dans l'organisation actuelle, il est impossible de rien faire de bon avec la loi ». Ils ont un double moyen d'agitation. Il est vrai que proclamer les principes du socialisme et en refuser l'application, c'est la meilleure façon de donner de la vigueur au parti. Aux élections, celui-ci demandera l'élévation de la retraite et la diminution des cotisations.

On a appris à cette occasion que des gens ont touché une retraite sans avoir payé de contribution ; ils en sont enchantés. D'autres ont payé et n'ont rien reçu.

Les timbres et le collage sont le fondement de la loi, et il n'y a aucun moyen de s'en débarrasser, notamment pour les petites gens. La province de Saxe a besoin d'un local de 15 à 20 mètres sur trois étages pour conserver les comptes. Une seule institution a 60 ou 800,000 assurés, dont il faut garder les cartes et tenir la comptabilité.

La grande difficulté, c'est de déterminer qui doit être assuré. Beaucoup qui tombent sous la loi n'ont pas envie de s'assurer. Il ne faut pas oublier que le contrôle au premier degré est dans les mains du patron ; si celui-ci et l'ouvrier tombent d'accord, on ne colle pas. Aussi a-t-on imaginé des inspecteurs spéciaux : c'est un retour aux *Kaffeeriecher* de Frédéric II, qui venaient sentir si l'on avait du café, et qui étaient odieux. La visite matinale de l'inspecteur des timbres sera tout aussi mal venue.

L'assurance sur la vieillesse a pu être facilement réglée, puisqu'il n'y avait à constater que l'âge de soixante-dix ans;

l'incapacité de travailler est d'une constatation bien autrement difficile. Tout refus de la reconnaitre créera du mécontentement. Et quel travail pour les autorités locales, pour les fonctionnaires inférieurs! Toute décision est susceptible d'appel. Et le calcul de la retraite? Il n'est pas aisé.

L'agriculteur est mécontent; il pétitionne au Reichstag; d'un district de la Prusse orientale, on déclare : « Dans sa forme actuelle, nous considérons la loi comme un malheur national, elle aigrit l'ouvrier et elle entrave le patron (association agricole de Neustadt, à laquelle 60 associations ont adhéré)». On ne considère donc pas les charges comme légères. C'est peut-être le cas d'un gros propriétaire qui a un nombre considérable d'ouvriers, il est moins chargé relativement que le petit propriétaire. Il faut se rappeler que l'assurance s'étend non seulement à l'ouvrier qui gagne le salaire entier, mais encore à la femme et à l'adolescent qui travaillent avec le père. C'est une triple cotisation, et c'est énorme pour un salaire total de 600 M. On calcule que c'est 14 M. par an, alors qu'on trouvait 1.50 d'impôt trop élevé. On répond qu'au moins l'ouvrier en aura quelque chose. Oui, mais dans un avenir éloigné. Pour le quart d'heure, il n'en ressent que le fardeau, et le pire, c'est qu'il doit payer en argent ou par défalcation du salaire.

Le petit patron est plus atteint que le grand industriel; celui-ci ne se plaint pas encore, cela viendra. Le petit patron avec deux ou trois ouvriers dont il paie l'assurance et qui continue peut-être à payer pour lui-même; le petit employé, qui a une bonne et qui paie, sentent le fardeau et, de plus, ils n'ont pas grande confiance dans l'assurance contre l'invalidité. Le malheur, c'est qu'il faut laisser subsister la loi, l'expérimenter, et cependant, avec le temps, l'amendement deviendra de plus en plus difficile. M. Schrader ne se rend pas compte du fonctionnement financier. Le gouvernement a donné des chiffres : les rentrées ont été bonnes ; cependant, elles sont restées au-dessous des calculs.

Un autre député libéral, le Dr Hirsch, s'appuyant sur le témoignage d'un député du centre, a déclaré que la loi de 1889 était une des lois les plus impopulaires de l'Allemagne, un objet de véritable aversion. L'auteur de la mesure, le prince de Bismarck, en désavoue aujourd'hui la paternité. D'après M. Hirsch, le mécontentement se constate dès qu'on s'enquiert par soi-même et qu'on ne se guide pas d'après les avis optimistes des fonctionnaires. En effet, que donne la loi? Elle exige des cotisations payables au comptant, sans délai, dont l'ensemble représente 89 millions de marks. C'est là un des impôts les plus lourds qu'il faut acquitter sans délai, que les circonstances soient favorables ou mauvaises. Et, en échange, que reçoit-on ? La première année, il est vrai, on a pensionné des gens qui n'avaient rien versé. Mais qu'est-ce que 5 millions payés par l'Etat, en comparaison des 40 millions donnés aux bouilleurs d'alcool ? Beaucoup d'ouvriers se figurent qu'ils ne parviendront jamais à l'âge de la retraite ; ils savent que leur famille n'aura aucun bénéfice de la loi, car le remboursement de la moitié des primes, en cas de décès prématuré, n'est pas grand'chose. M. Hirsch a fait observer qu'une fois de plus, les socialistes se sont bornés à la négation et qu'ils n'ont rien proposé de positif pour remplacer la loi actuelle.

« Le gouvernement, a-t-il ajouté, avait reconnu que sur ce terrain, on était dans l'obscurité, dans les ténèbres : pourquoi a-t-on débuté par étendre une loi dont les conséquences sont si peu connues à 11 millions de personnes ? »

Malgré l'adhésion des socialistes au principe de la loi, il est intéressant de constater qu'en haut lieu, on commence à se préoccuper de nouveau des dangers du socialisme. Cette crainte a été exprimée au Reichstag par des députés bien en cour, comme M. de Stumm et M. de Kardorff. On s'était flatté de gagner les ouvriers à l'aide de la législation sur le travail, et l'on est tout étonné de la désillusion qu'on subit aujourd'hui. Veut-on de nouveau revenir à des mesures de compression, restreindre la liberté de la presse et le droit de réunion ? Cependant, le retour au droit commun pour les socialistes a eu l'avantage de laisser éclater les dissentiments et les dissensions des collectivistes.

ARTHUR RAFFALOVICH.

P.-S. — Dans le *Volkswohl* du Dr Böhmert, on raconte que dans une localité 27 femmes (22 domestiques et 5 ouvrières) ont payé chacune 5 *M.* 20 d'assurance et se sont mariées, perdant leur mise ; elles avaient toutes des livrets de caisse d'épargne, dans lesquels les 5 *M.* 20 auraient fait bonne figure. Il y aura des milliers de femmes dans ce cas, au bout de peu d'années.

15 mars 1892.

IMPRIMERIE CHAIX, RUE BERGÈRE, 20, PARIS. — 6366-3-92.

69